엔딩노트

유선종

엔딩노트란?

　2011년 일본 동북부 후쿠시마에서 9.0의 강진과 이로 인한 쓰나미로 갑자기 가족과 친척, 친구를 잃는 대규모의 참사가 있었습니다. 동일본 대지진으로 인해 발생한 사망자와 실종자가 2만여 명, 피난 주민이 33만 명으로 집계되었습니다. 이러한 참사 이후 일본에서는 몇 가지 변화가 나타났습니다. 미혼으로 스스로의 자유로운 삶을 즐기던 젊은 층들이 결혼을 서두르게 되었고 출산이 급증했습니다. 또한 자신의 노후에 불안감을 느낀 중년층에는 '엔딩노트'에 가족이나 친지 등 사랑하는 사람들에게 남기고 싶은 말이나 사후 처리방법, 인생에서 남은 시간 동안 하고 싶은 일들, 장기요양이 필요하게 되었을 때의 희망사항 등을 미리 기록으로 남기려는 경향이 나타났습니다.

   죽음도 삶의 또 다른 모습이라는 인식이 확산되면서 '행복한 죽음'을 의미하는 '웰 다잉(well-dying)'을 준비하는 사람들이 늘었습니다. 특히 중장년층 사이에서는 '유언장 작성하기'가 유행했습니다. 한 문구용품 회사에서는 봉투·용지 등 유언장을 작성하기에 필요한 물품이 완비된 '유언장 키트'를 발매했는데, 한 달도 지나지 않아 생산 예정 수량이 동이 날 정도였다고 합니다. 주목할 점은 유언장 키트를 구매한 사람들이 노인이 아니라 '중장년층'이었다는 점입니다. 이들은 죽음이 반드시 노인에게만 찾아오는 것이 아니라는 사실과, 잘 사는 것만큼이나 삶을 잘 마무리하는 것도 중요하다는 사실을 깨닫게 된 것입니다.

   이러한 이유로 '엔딩노트'가 만들어졌습니다. '엔딩노트'는 인생의 마지막을 아름답게 마무리하고자 하는 사람들에게 도움을 주는 책으로, 유언장과 비슷하지만 분명한 차이가 있습니다. 유언장은 재산 상속 등의 자산에 관해 작성하는 경우가 많고 법적인 효력도 있습니다만, 엔딩노트는 인생의 마지막을 내가 직접 결정하고 싶다는 의미에서 자신의 노후생활과 자신이 맞이하고 싶은 죽음의 방식을 미리 기록으로 남겨 놓기 위해 작성하는 문서입니다. 평화롭고 존엄한 삶을 정리하기 위한 스스로의 준비 과정이라고 볼 수 있습니다.

엔딩노트는 자신이 걸어온 인생을 돌아보기 위한 비망록입니다. 가족과 친구에 대한 감사를 전하고, 언젠가 자신에게 다가올 만약의 상황이 발생했을 때, 본인의 의지를 전달하며 필요한 정보와 연락처 등을 기록하기 위한 것입니다. '나'를 믿고 함께하며 지지해준 사람들, 그리고 이들과 관련된 여러 가지 생각 등 자신에게 있어서 무엇이 중요한지를 깨닫게 해줄 것입니다.

즉, 엔딩노트는 '죽음을 의식한 노트'가 아니라 '인생의 마지막 시간을 어떻게 보내고 싶은지'를 생각함으로써 앞으로의 삶과 자신의 마음 깊은 곳을 찬찬히 들여다볼 수 있도록 도와주는 역할을 합니다. 갑자기 판단 능력이 흐려지거나 의견을 표현할 수 없는 상황에 대비해 스스로 죽음을 준비하면서 생을 뜻깊게 마칠 수 있는 기회를 사전에 확보하는 의미로 보면 될 듯 합니다. 그러므로 노년보다 인생의 전환기라고 볼 수 있는 중장년 시기에 엔딩노트를 써보는 것은 삶의 소중함을 깨닫게 되는 계기가 될 것입니다.

특정한 서식을 갖춰서 써야 할 필요는 없습니다. 자신이 가장 쓰기 편한 노트를 골라 나름의 방식으로 자유롭게 써 내려가도 됩니다. 또한 엔딩노트는 한 번 쓰면 변경할 수 없는 고정불변의 것도 아닙니다. 40대에서 80대를 넘어갈 때까지 나이가 들어 가면서 생각이 바뀌는 것은 지극히 자연스러운 현상으로, 엔딩노트 역시 상황에 따라 한 번씩 펼쳐보면서 그때마다 새롭게 고칠 수 있습니다. 자신의 생각이 어떻게 바뀌어 왔는지 그 흐름을 살펴보는 것도 중요한 의미가 있습니다.

마음속에 담고 있는 나만의 생각을 충분히 꺼낼 수 있도록 긴장하지 말고 편안한 기분으로 보다 나은 '나'의 미래로 연결되는 새로운 장을 열어가기 바랍니다.

엔딩노트를 작성한 후 가능하다면 가족에게 보여주고, 이야기를 나누기 바랍니다. 어쩌면 본인의 생각과 가족의 의견이 일치하지 않는 경우를 마주할 수도 있습니다. 엔딩노트를 보여줌으로 자신의 생각을 가족이 알게 할 수도 있고, 반대로 자신도 가족의 생각을 이해할 수 있는 계기가 될 수 있습니다. 사정이 있어서 가족에게 맡기지 못하는 경우에는 신뢰할 수 있는 지인에게 보여주는 것도 의미가 있을 것입니다.

엔딩노트는 만일에 대비해 눈에 잘 띄는 곳에 놓아두기를 바랍니다. 설마 하고 생각했던 갑작스러운 이별이 닥쳤을 때, 엔딩노트가 누군가의 눈에 띄지 않으면 아무 소용이 없기 때문입니다. 따라서 평소에 "이런 노트를 준비해 뒀다"고 가족이나 친한 지인들에게 말해두는 것도 좋습니다. 엔딩노트는 떠나는 사람을 위한 정리이기도 하지만 남겨진 사람에 대한 또다른 예의이기도 합니다.

엔딩노트 작성요령

  우선, 기록할 수 있는 것부터 천천히 기록해 봅니다. 처음부터 완벽하게 모든 항목을 채워 나갈 필요는 없습니다. 쓸 수 있는 곳부터 시작해 봅니다. 또는 '이것 먼저 써야지, 이것은 꼭 남겨둘 거야…'라고 생각되는 부분부터 써 보아도 좋을 듯합니다. 지금 못 채운 빈칸은 채울 수 있는 시기가 왔을 때 작성하면 됩니다. 기록으로 남겨두고 싶은 항목만 기록해 놓아도 됩니다. 피로해지면, 다음에 써도 됩니다. 여유 있게 시간을 들여 생각하면서 기록해 나갑니다.

  적어나가다 기분이 변할 수 있습니다. 그 마음을 따라서 새롭게 작성해도 됩니다. 몇 번이고 썼다 지웠다를 반복하거나, 심지어 정기적으로 수정해도 됩니다. 만약 만년필, 볼펜, 사인펜으로 기입했을 경우 두 줄을 긋고 덧쓰면 됩니다. 깨끗하게 완성하고 싶다면, 별도의 종이에 써보고 나서 옮겨와도 됩니다.
  이처럼 엔딩노트는 한 번 쓰면 끝이 아닙니다. 오히려 가능하다면 해마다 한 번 정도는 기술한 내용을 읽고 수정하기를 권합니다. 그러기 위해서는 채우는 항목마다 기록한 날짜를 써두어 언제 기록했는지 알 수 있도록 할 필요가 있습니다. 또한 기록하려는 항목이 부족해지면 그 페이지를 복사한 뒤 기록하고, 그것을 해당 기록란에 붙여도 됩니다.

  엔딩노트에는 '나'에 관한 섬세한 개인정보가 기록됩니다. 따라서 분실하거나 타인에게 본의 아니게 읽혀지는 일이 없도록 잘 보관하시기 바랍니다.

엔딩노트

언젠가는 떠날…

먼 여행에 대한 준비

남겨진 시간을

디자인하는

Life Memory

차례

엔딩노트란 • 1

엔딩노트 작성요령 • 5

Intro. 들어가며 • 9

Chapter 1. 나 • 13

Chapter 2. 가족 • 52

Chapter 3. 재산 • 83

Chapter 4. 건강 • 95

Chapter 5. 만약의 상황 • 107

Chapter 6. 장례 • 121

Chapter 7. 유언장 • 131

Chapter 8. 가족과 지인에게 보내는 메시지 • 147

Chapter 9. 지인명부 • 155

Chapter 10. 추억의 사진 • 167

마치며 • 178

INTRO

들어가며

들어가며

혹시, 만일의 때를 생각해 보신 적이 있나요?
누구에게나 언젠가는 생의 마지막이 찾아옵니다.
하늘나라에 간다는 것은 혼자만의 문제가 아닙니다.
남겨진 가족과 지인들에게도 다양한 상황이 발생하게 됩니다.

무리하지 않는 범위에서 조금씩이라도 좋습니다.
자신만의 페이스로 써나가기 바랍니다.
모든 항목을 채울 필요는 없습니다.

내가 주변 사람에게 알려주고 싶은 것들,
지금부터라도 알았으면 하는 것들,
만약의 때가 찾아왔을 때
주변 사람들이 곤란해하지 않도록
여기에 기록해두면 "나의 뜻"은 존중받을 것입니다.

당신에게

당신이 이 책을 읽게 될 때가 온 것 같네요.

내가 병에 걸리거나 의식이 정상이 아닐 때, 어느 정도의 치료를 하면 될까? 어디에서 어떤 형태로 지내게 할까? 치료 비용은 어떻게 하면 될까? 등 곤란한 일들이 일어날 것 같아서 여기에 흔적을 남깁니다.

지인의 장례식에 갔다가 장례를 마치고 나서 고인이 어느 은행에 예금을 가지고 있었는지, 중요한 것들을 어디에 보관했고 어떻게 관리했었는지, 유언은 어디에 남겼는지 몰라 가족들이 곤란해했다는 이야기를 들었습니다.

당신에게 이런 부담을 지우고 싶지 않지만, 혹시라도 내가 먼저 떠나면 남겨진 당신이 곤란하지 않기를 바랍니다. 그래서 여기에 나의 희망을 솔직하고 정직하게 기록해 둡니다.

나는 이 책을 　　　년 　　　월 　　　일부터 쓰기 시작합니다.
나의 이름은 　　　　　　　　　　입니다.
태어난 날은 　　　년 　　　월 　　　일 입니다.
현재 주소는 　　　　　　　　　　　　　　　　　입니다.
전화번호는 　　　　　　　　　　이며,
본적 　　　　　　　　　　　　　　　　　,
출생지 　　　　　　　　　　　　　　　　　입니다.

01

CHAPTER

나

사진 또는 명함

인생사진으로
하고 싶은 사진

촬영일자 장 소

설 명

• 현재의 제반 정보

기록일	년	월	일 (세)
이 름	생년월일	년 월 일 (음력 월 일)	
혈액형	출생지		
본 적			
현주소			
연락처	메 일		
신 장	체 중		
결혼 여부	비 고		

14

나의 출생

태어난 장소
태어났을 때의 신장 · 체중   cm   kg
작명의 의미
태어났을 때의 에피소드

나의 학력

- 꿈 많았던 시절, 학창생활의 이력을 남겨둡니다
- **학력**

기록일	년	월	일
기 간	학교명		비 고

기록일		년	월	일
유치원	유치원	년	월	입학
	유치원	년	월	졸업
	기억나는 선생님(담임) 좋아했던 과목 싫어했던 과목 즐거웠던 놀이 당시 되고 싶었던 직업 특기사항			
초등학교	초등학교	년	월	입학
	초등학교	년	월	졸업
	기억나는 선생님(담임) 좋아했던 과목 싫어했던 과목 당시 되고 싶었던 직업 특기사항			
중학교	중학교	년	월	입학
	중학교	년	월	졸업
	기억나는 선생님(담임) 좋아했던 과목 싫어했던 과목 좋아했던 책 당시 존경했던 사람 당시 되고 싶었던 직업 특기사항			
고등학교	고등학교	년	월	입학
	고등학교	년	월	졸업
	기억나는 선생님(담임) 좋아했던 과목 싫어했던 과목 열중했던 것 당시 유행했던 것 당시 되고 싶었던 직업 특기사항			

대 학		대학교 　대학	년	월	입학 학과
		대학교 　대학	년	월	졸업 학과
	기억나는 교수님 좋아했던 과목 싫어했던 과목 당시의 꿈 당시 되고 싶었던 직업 특기사항				
대학원 석사과정		대학원 　학과	년	월	입학 전공
		대학원 　학과	년	월	졸업 전공
	기억나는 교수님 좋아했던 과목 싫어했던 과목 당시 되고 싶었던 직업 특기사항				
대학원 박사과정		대학원 　학과	년	월	입학 전공
		대학원 　학과	년	월	입학 전공
	기억나는 교수님 좋아했던 과목 싫어했던 과목 당시 되고 싶었던 직업 특기사항				

논문제목 등
학부졸업논문
석사학위논문
박사학위논문

기록일	년	월	일

희망했던 진로

학교생활에서 가장 즐거웠던 순간

학교생활에서 가장 마음에 남아있는 순간

학교생활에서 가장 슬펐던 순간

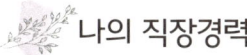 **나의 직장경력**

- 입사, 승진, 전직, 창업, 정년퇴직 등 직장생활의 이력을 남겨둡니다
- **직업경력**

기록일			년	월	일 (	세)
기간	회사명	소속부서	직위	기억나는 상사 동료 등	기억나는 일	기타

- 직장경력을 돌아보면서

기록일	년	월	일
첫 직장을 갖게 된 계기, 취직활동			
업무의 내용·성과·신념			
기억나는 성과			
어린시절 갖던 꿈과 되고 싶었던 직업			
직장생활에서 가장 즐거웠던 순간			
직장생활 중 가장 마음에 남아있는 순간			
직장생활에서 가장 슬펐던 순간			

직장경력 이외의 활동(생애학습, 동아리, 취미, 자원봉사 등)

- 그동안의 활동내역에 대해 기술합니다

년 월	단체명
년 월	단체명
년 월	단체명
년 월	단체명
년 월	단체명
년 월	단체명
년 월	단체명
년 월	단체명

취 미

특 기

좋아하는 음식

싫어하는 음식

좋아하는 색깔

좋아하는 계절

좋아하는 동물

좋아하는 꽃

좋아하는 옷

좋아하는 노래 · 가수

좋아하는 책 · 작가

좋아하는 영화

좋아하는 프로그램

좋아하는 운동

좋아하는 장소

좋아하는 인물

존경하는 인물

신 념

가 훈

성 격

삶의 보람

나의 자격, 면허, 서훈

- 자격, 면허의 이력을 기록합니다

년	월		취득
년	월		취득
년	월		취득
년	월		취득
년	월		취득
년	월		취득
년	월		취득
년	월		취득
년	월		취득
년	월		취득

- 전람회나 콘테스트에서 상을 받은 경우, 여기에 기록합니다

년	월		수상
년	월		수상
년	월		수상
년	월		수상
년	월		수상
년	월		수상
년	월		수상
년	월		수상
년	월		수상
년	월		수상
년	월		수상
년	월		수상

- 감사장 등을 받은 경우, 여기에 기록합니다

년	월	수상
년	월	수상
년	월	수상
년	월	수상
년	월	수상
년	월	수상
년	월	수상

- 정부 등 공공기관에서 서훈을 받은 경우, 여기에 기록합니다

년	월	수훈
년	월	수훈
년	월	수훈
년	월	수훈

 **거주이력**

- 이사에 관한 내용을 여기에 기록해 둡니다(주민등록초본 등을 발급해서 확인)

년	월
년	월
년	월
년	월
년	월
년	월
년	월
년	월

 태어났을 때

- 부모님 등에게서 들은 이야기를 정리해 봅니다

출생지 주소	
병원명	
출생 일시	년 월 일 시 분 요일
출생 시 신장·체중	cm g
이름의 유래(의미)	
출생 시 에피소드	

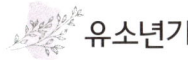 유소년기

유치원 이름	
유치원 담임선생님	선생님 선생님

- 유소년기의 추억을 기록해 봅니다

자주했던 놀이	
좋아했던 행사	
기억나는 친구	
기억하고 있는 에피소드	

초등학생 시절의 단상

- 도움을 주셨던 담임선생님을 써 봅니다

1학년 담임	선생님
2학년 담임	선생님
3학년 담임	선생님
4학년 담임	선생님
5학년 담임	선생님
6학년 담임	선생님

- 초등학생시절의 추억을 여기에 기록합니다

  잘하는 과목 배웠던 내용

  좋아했던 행사

  친했던 친구

  기억하고 있는 에피소드

  수학여행

  체육대회

중학생 시절의 단상

- 도움을 주셨던 담임선생님을 써 봅니다

1학년 담임	선생님
2학년 담임	선생님
3학년 담임	선생님
인상적인 과목의 선생님	선생님

- 중학생 시절의 추억을 여기에 기록해 봅니다

잘하는 과목		
클럽활동의 추억	소속클럽	
	지도선생님	
친구와의 추억		
기억하고 있는 에피소드		
수학여행		
체육대회		

고등학생 시절의 단상

- 도움을 주셨던 담임선생님을 써 봅니다

1학년 담임	선생님
2학년 담임	선생님
3학년 담임	선생님
인상적인 과목의 선생님	선생님

- 고등학생 시절의 추억을 여기에 기록해 봅니다

잘하는 과목	
소속클럽	
클럽활동의 추억	지도선생님
친구와의 추억	
기억하고 있는 에피소드	
수학여행	
체육대회	

대학생 시절의 단상

- 도움을 주셨던 교수님과 교직원에 대해 기록해 봅니다

교수님	교수님
교수님	선생님
교수님	선생님

- 대학생 시절에 대해 기록해 봅니다

열중했던 일	
친구와의 추억	
동아리 활동	
소속했던 연구실	연구실 명
	지도 교수
기억하고 있는 에피소드	

▪ 대학원생(석사) 시절에 대해 기록해 봅니다

열중했던 일	
친구와의 추억	
동아리 활동	
소속했던 연구실	연구실 명
	지도 교수
기억하고 있는 에피소드	

- 대학원생(박사) 시절에 대해 기록해 봅니다

열중했던 일	
친구와의 추억	
동아리 활동	
소속했던 연구실	연구실 명
	지도 교수
기억하고 있는 에피소드	

 연대기

● 20대의 추억

20대 전반

20대 후반

● 30대의 추억

30대 전반

30대 후반

● 40대의 추억

40대 전반

40대 후반

● 50대의 추억

50대 전반

50대 후반

● 60대의 추억

60대 전반

60대 후반

● 70대의 추억

70대 전반

70대 후반

● 80대의 추억

80대 전반

80대 후반

● 90대의 추억

90대 전반

90대 후반

 **추억**

● 유년기의 추억

● 초등학교시절의 추억

● 학생시절의 추억

좋아했던 과목

싫어했던 과목

학생시절에 즐거웠던 것

학생시절에 힘들었던 것

학생시절에 되고 싶었던 직업

학생시절의 기억에 남는 친구와 에피소드

학생시절의 기억에 남는 은사님과 에피소드

첫사랑의 추억과 에피소드

동창 중에 기억되는 인물과 에피소드

● 사회인이 된 후의 추억

첫 월급

기억되는 업무

사이 좋았던 동료

존경하는 사람

버팀목이 되었던 글

버팀목이 되어준 사람

● 퇴직 후의 추억

● 부부의 추억

처음 만났을 때의 인상

사귀게 된 계기

프로포즈 에피소드

결혼식에서 기억되는 것

여행에서 기억에 남는 것

즐거웠던 일들

힘들었던 일들

좋아하는 곳

싫어하는 곳

인생의 반려자에게 남기는 글

● 자녀와의 추억

첫째 자녀가 태어난 장소와 에피소드

둘째 자녀가 태어난 장소와 에피소드

셋째 자녀가 태어난 장소와 에피소드

자녀 육아로 즐거웠던 것들

자녀 육아로 힘들었던 것들

자녀와 함께 했던 일들 중에 기억되는 것

자녀에게 남기는 글

● 형제자매와의 추억

어린시절의 추억

즐거웠던 추억

형제자매에게 남기는 메시지

● 손자손녀와의 추억

즐거웠던 추억

앞날에 대한 바람

● 조부모와의 추억

● 친척과의 추억

● 친구와의 추억

● 애완동물과의 추억

● 인생에 영향을 미친 사람

● 용기를 북돋아 준 한마디

● 지금, 마음에 걸리는 것들

지금(현재 상태)

취미	
특기	
좋아하는 책	
기억나는 영화	
기억나는 음악	
좋아하는 명언·좌우명	
존경하는 사람	
인생에 영향을 주신 분	
인생의 은인	
생명의 은인	
존경하는 선생님	
아끼는 제자	
제일 즐거웠던 추억	
제일 괴로웠던 기억	

 **이 세상에 태어난 사명·의미**

- 이 세상에 태어난 사명·의미 등 통상적인 대화에서는 좀처럼 나오지 않는 내용에 대해 정리해 봅니다

- 정치관, 종교관, 세계관, 인생관 등에 대해 기록해 봅니다

남은 인생을 더욱 충실히 보내기 위해

● 내가 좋아하는 것

좋아하는 음식

좋아하는 색

좋아하는 꽃

좋아하는 동물

좋아하는 글

좋아하는 배우·연예인·작가

좋아하는 음악(장르·아티스트·곡명)

좋아하는 스포츠

● 앞으로 해보고 싶은 것

배우고 싶은 것, 해보고 싶은 취미(그림·도예·공예, 서도, 여행·등산, 미술관·박물관 순례, 컴퓨터, DIY)

해보고 싶은 일(여행, 자원봉사, 요리, 운동, 자격증, 취미 등)

그 밖에 해보고 싶은 일

가보고 싶은 곳

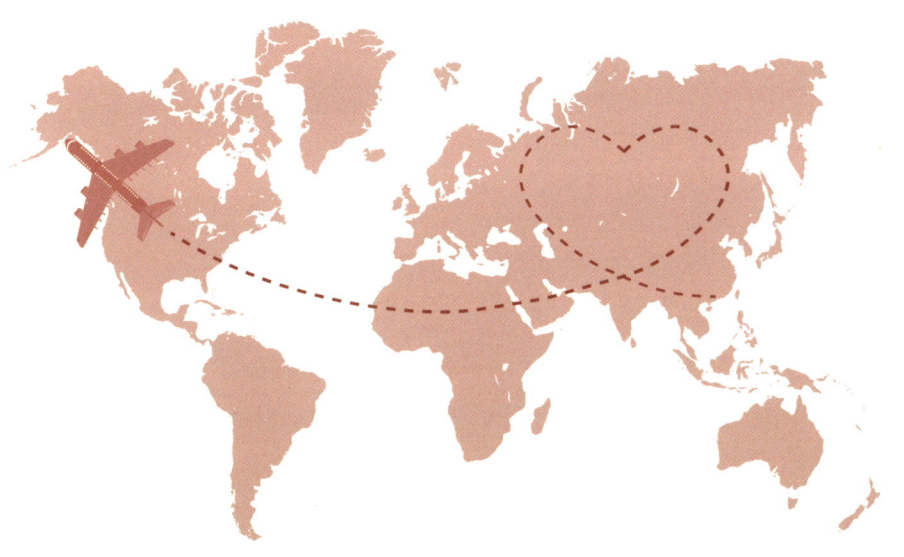

02

CHAPTER

가족

 ## 아버지

아버지의 이름		출생지		
아버지의 생일	년		월	일
아버지의 기일	년		월	일
아버지의 향년		세		
아버지의 묘지				
아버지의 인상·추억				

아버지에게 드리는 감사의 말

 ## 어머니

어머니의 이름		출생지		
어머니의 생일	년		월	일
어머니의 기일	년		월	일
어머니의 향년		세		
어머니의 묘지				
어머니의 인상·추억				

어머니에게 드리는 감사의 말

● 부모님은 현재 살아계십니까?

● 부모님이 소천하신 경우 소천일시, 묘지(납골) 등의 장소를 기록해 봅니다

 형제자매

관계
이름
생년월일
현재의 주소
의 인상·추억

| 관계 |
| 이름 |
| 생년월일 |
| 현재의 주소 |

의 인상·추억

| 관계 |
| 이름 |
| 생년월일 |
| 현재의 주소 |

의 인상·추억

관계	
이름	
생년월일	
현재의 주소	
의 인상·추억	

 배우자

이름	
생년월일	년 월 일
결혼기념일	
결혼 상대로 선택한 이유	
출생지	
본적	
근무처	
연락처	
혈액형	

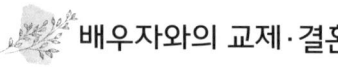 배우자와의 교제·결혼

- 쑥쓰러울지 모릅니다만, 교제에서 결혼에 이르기까지에 대해 자녀에게 전해주기로 합니다

교제기간의 추억

프로포즈했던 말

결혼식 에피소드

신혼시절의 추억

 **자녀 1**

이 름		생년월일	년 월 일
관 계		출생지	
연락처		혈액형	
작명의 이유			
당신에게 있어 어떤 자녀였나요?			

자녀 1 학력		
기 간	학교명	비 고

자녀 1 직업경력			
기 간	회사명	소속부서	직위

 **자녀 2**

이 름		생년월일	년 월 일
관 계		출생지	
연락처		혈액형	
작명의 이유			
당신에게 있어 어떤 자녀였나요?			

자녀 2 학력		
기 간	학교명	비 고

자녀 2 직업경력			
기 간	회사명	소속부서	직위

 **자녀 3**

이 름		생년월일	년 월 일
관 계		출생지	
연락처		혈액형	
작명의 이유			
당신에게 있어 어떤 자녀였나요?			

자녀 3 학력		
기 간	학교명	비 고

자녀 3 직업경력			
기 간	회사명	소속부서	직위

유년 시절 자녀들의 모습

앨범

유년 시절 자녀들의 사진을 여기에 붙여봅니다

기억나는 것을 기록해 봅니다

중·고등학교 시절 자녀들의 모습

앨범

중·고등학교 시절 자녀들의 사진을 여기에 붙여봅니다

기억나는 것을 기록해 봅니다

 **대학교 시절 자녀들의 모습**

앨범

대학교 시절 자녀들의 사진을 여기에 붙여봅니다

기억나는 것을 기록해 봅니다

 **가족여행**

앨범

가족여행하면서 즐거웠던 순간을 여기에 붙여봅니다

기억나는 것을 기록해 봅니다

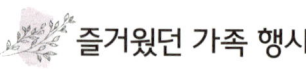 **즐거웠던 가족 행사의 추억**

앨범

즐거웠던 순간을 여기에 붙여봅니다

기억나는 것을 기록해 봅니다

가족의 기념일

자녀와 손자들의 생일

	년	월	일
	년	월	일
	년	월	일
	년	월	일
	년	월	일
	년	월	일
	년	월	일
	년	월	일
	년	월	일
	년	월	일

자녀와 손자들의 결혼기념일

	년	월	일
	년	월	일
	년	월	일
	년	월	일
	년	월	일
	년	월	일
	년	월	일
	년	월	일
	년	월	일
	년	월	일

 **애완동물1**

이 름		생년월일	년 월 일
종 류		성 별	
등록번호			

먹 이 — 보통식
       좋아하는 음식

다니는 병원 주소

미용실 주소

만약의 상황에는
- 새로운 주인을 찾아주세요
- 유품으로 _____ 에게 보내주세요
- 가족에게 맡깁니다

애완동물2

이 름		생년월일	년 월 일
종 류		성 별	
등록번호			

먹 이 — 보통식
       좋아하는 음식

다니는 병원 주소

미용실 주소

만약의 상황에는
- 새로운 주인을 찾아주세요
- 유품으로 _____ 에게 보내주세요
- 가족에게 맡깁니다

인생에서 일하는 시간과 자유시간의 비교

인생1막(출생~25세)
인생2막(26~65세, 일하는 시간) 6일×8시간×52주×40년=9만 9,840시간
인생3막(66~85세, 자유시간) 365일×14시간×20년=10만 2,200시간

우리 인생은 일하는 시간보다 자유시간이 더 깁니다.

호모헌드레드와 10만 시간

호모헌드레드의 도래

바야흐로 100세 시대라고 합니다. 과거에는 생애주기를 '30년(교육)-30년(직장)-20년(은퇴)'으로 구분했다고 한다면, 오늘날에는 '30년(교육)-30년(직장)-40년(은퇴)'으로 분류합니다. 은퇴 이후의 시간이 그만큼 늘어난 것입니다.

유엔은 평균수명의 증가로 100세 인구가 급증하는 '호모헌드레드(Homo-Hundred)' 시대가 도래해 각국의 고령화 문제가 심각해질 것으로 전망하고 있습니다. 인류의 조상을 호모사피엔스(Homo-Sapiens: 생각하는 인간)로 부른 것에 비유해 100세 장수가 보편화되는 시대의 인간상을 '호모헌드레드'라고 합니다.

노년학자들은 사회의 방향이 100세 시대라는 새로운 패러다임으로 전환되어야 한다고 주장하고 있습니다. 보건복지부에서 2011년에 발표한 "인생 100세 시대 대응 전략"이라는 연구보고서의 서문에 보면 1954년생이 98세까지 생존할 확률이 "남자 39.6%, 여자 46.2%"라는 분석결과를 제시하고 있습니다. 1954년이면 6·25전쟁

이 휴전한 이듬해입니다. 건강한 상태로 장수하는 것은 축복이지만, 이처럼 길게 허락된 시간이 건강 수명기간이 아니라면 그러한 시간은 재앙이 될 수도 있습니다. 이러한 관점에서 볼 때 '얼마나 오래 사느냐(living longer)'가 아니라 '얼마나 건강하게 사느냐(living better)'가 중요합니다.

> 1954년생이 98세까지 생존할 확률
> "남자 39.6%, 여자 46.2%"

'인생 2막'의 일하는 시간

공중보건과 의료기술의 발달로 인해 평균수명이 크게 늘어 정년퇴직 이후의 자유 시간도 덩달아 늘어나고 있습니다. 인생을 3막으로 나눌 때 '인생 1막'은 태어나서부터 25세 전후까지의 대학을 졸업하는 시기로 부모로부터 무조건적인 사랑과 도움을 받는 시기입니다.

'인생 2막'은 취직 후 결혼해 가정을 이루며 사회생활을 통해 주어지는 업무를 성취하고 새로운 가치와 무한한 가능성을 추구해가는 시기로, 정년퇴직하는 약 65세 전후까지의 40년 정도 되는 시기입니다. 이 시기는 취직, 결혼, 출산, 이사, 승진, 전직, 가족·친척과의 사별 등 희로애락과 생로병사를 겪습니다.

'인생 2막'의 단계에서 일하는 시간을 계산해 봅니다. 26세~65세까지 40년간 월요일부터 토요일까지 매일 8시간씩 공휴일 없이 1주일 중 6일을 근무한다고(토요일도 8시간 근무) 가정하면 1주일에 48(6일X8시간)시간 근무하게 되는데 1년이면 52주, 여기에 40년을 곱하면 9만 9,840시간이 됩니다.

'인생 3막'의 자유시간

'인생 3막'은 정년퇴직 후부터 하나님이 부르실 때까지입니다. 평균수명이 늘어 적게 잡아도 20년 이상은 족히 되어 보이지만, 계산의 편의를 위해 85세에 하늘나라에 가는 것으로 가정하고 인생3막의 자유시간을 계산해 봅니다.

'인생 3막'이 시작되는 66세부터 85세까지의 20년만 생각할 때 정년퇴직 후에는 모든 시간이 자유시간입니다. 40년간 열심히 일해 왔으니 쉬기도 하고 노후의 여가도 즐기면서 여유로운 삶을 살게 될 것입니다. 그 시간을 계산하면 다음과 같습니다.

하루 24시간 중 생리적인 욕구를 해소하기 위한 시간으로 10시간을 제외하면 14시간은 자유시간입니다. 더 이상 출근할 일도 없고 내일을 위한 자기 계발의 일환으로 새벽형 인간이 되고자 졸린 눈을 비비고 일어날 일도 없기 때문입니다. 자유시간의 계산을 위해 하루 중 14시간의 자유시간에 365일을 곱하고 85세까지라는 전제하에 20년을 곱하면 10만 2,200시간이 됩니다.

다시 말하면, '인생 2막'에서 40년간 땀 흘리고 성취하고 내일을 준비하고 앞만 보고 달려가는 일하는 시간보다 '인생 3막'에서 20년간 주어지는 자유시간이 더 길다는 것입니다. '인생 2막'에는 많은 준비를 하고 젊음의 패기로 맞서 역동적인 시간을 보내지만, '인생 3막'은 대부분의 경우 별다른 준비 없이 숙명처럼 다가와 버립니다.

인생 3막

1막: 0세(출생)~25세
2막: 26~65세
3막: 66세~85세(사망 가정)

10만 시간

26~65세까지의 **40년**
40년×8시간×6일×52주
= **9만 9,840시간**
66세~85세까지의 **20년**
20년×14시간*×365일
= **10만 2,200시간**

★ 하루 24시간 중 생존을 위해 필요로 하는 시간(먹고 자고 씻고…)을 제외하면 평균적으로 14시간 정도임

정년퇴직은 반환점의 시작

조금 시선을 달리한 예를 들어봅니다. 정년퇴직하는 어느 노교수가 고별 강연을 끝내고 많은 제자들과 지인들의 축복 속에 기립박수를 받으며 강연장을 빠져나오는데, 하객 중 한 사람이 정중한 태도로 이렇게 말합니다. "그동안 수고하셨습니다. 교수님은 이제 마라톤 42.195km의 반환점을 막 돌았습니다. 남은 구간도 힘내서 완주하십시오. 아니 완주해야만 합니다."

'인생 2막'의 정점인 정년퇴직은 '인생 3막'의 시작이고, 마라톤에 견주어보면 반환점인 것입니다. 공중보건, 현대의학과 과학기술의 발달로 '인생 2막'보다 '인생 3막'이 더 길어질 수도 있습니다. '인생 3막'에서 주어지는 10만 시간은 몸이 힘들어도, 돈이 없어도, 건강이 좋지 않아도, 혼자라도, 고독해도, 소외감이 엄습하더라도, 비전이 없더라도, 가고 싶지 않더라도 가야만 하는 길입니다.

안정된 건강·경제·마음 누릴 '인생 3막' 준비

오늘날에는 그 자유시간인 10만 시간이 점점 늘어나고 있습니다. '인생 3막'을 미리 준비한 사람에게 있어서 10만 시간은 즐겁고 기대되는 자유시간일 것입니다. '인생 2막'에서처럼 쫓기지 않을 것이고 경쟁도 그렇게 심하지 않을 것입니다. 보람차고 의미 있는 삶을 위해 주어지는 10만 시간이라는 자유시간을 마음 놓고 즐기면 됩니다. 그러나 준비하지 않고 맞이하는 사람은 너무나도 긴 '인생 3막'이라는 자유시간의 소용돌이에서 헤어나지 못하고 혼란스러운 노후를 보내는 재앙과 같은 상황에 놓이게 됩니다.

이제 '인생 3막'의 자유시간인 10만 시간의 진실을 알게 되었습니다. '인생 3막'을 준비하거나, 그렇지 않거나는 여러분의 선택입니다. "10만 시간의 자유시간"을 온전히 누리는 '인생 3막'과의 복된 만남을 기대해봅니다.

어느 95세 어른의 수기

　나는 젊었을 때 정말 열심히 일했습니다. 그 결과 실력을 인정받았고, 존경을 받았습니다. 그 덕에 65세 때 당당한 은퇴를 할 수 있었죠. 그런 내가 30년 후인 95살 생일 때, 얼마나 후회의 눈물을 흘렸는지 모릅니다. 내 65년의 생애는 자랑스럽고 떳떳했지만, 이후 30년의 삶은 부끄럽고 후회되고 비통한 삶이었습니다.

　나는 퇴직 후 '이제 다 살았다. 남은 인생은 그냥 덤이다'라는 생각으로 그저 고통 없이 죽기만을 기다렸습니다. 덧없고 희망이 없는 삶…. 그런 삶을 무려 30년이나 살았습니다. 30년의 시간은 지금 내 나이 95세로 보면 3분의 1에 해당하는 기나긴 시간입니다. 만일 내가 퇴직할 때 앞으로 30년을 더 살 수 있다고 생각했다면…. 난 정말 그렇게 살지는 않았을 겁니다. 그때 스스로가 늙었다고, 뭔가를 시작하기엔 늦었다고 생각했던 게 큰 잘못이었습니다.

　나는 지금 95살이지만 정신이 또렷합니다. 앞으로 10년, 20년을 더 살지 모릅니다. 이제 나는 하고 싶었던 어학공부를 시작하려 합니다.

　그 이유는 단 한 가지….

　10년 후 맞이하게 될 105번째 생일날, 95살 때 왜 아무것도 시작하지 않았는지 후회하지 않기 위해서입니다.

　　　　　　　　호서대 설립자 명예총장, 강석규 박사(2015. 8. 31. 소천, 향년 103세)

03

CHAPTER

재산

 **예금·적금**

금융기관	종 류	계좌명의	계좌번호	금 액

 **유가증권**

증권회사	계좌명의	계좌번호	주식보유수

기타 금융자산(회원권 등)

종 목	명 의	증권회사·금융기관	금 액	연락처

대여금고

| 계약회사 | 연락처 | 장소 | 보관번호 | 기간 | 보관물 |

부동산

부동산 1

종 류	☐ 주거용 ☐ 비주거용 ☐ 토지 ☐ 기타( )
취득가격	용도
사용상황 (면적)	토지 건물 건축구조 연면적
소재지	
등기부 기재내용	저당권 설정 (유·무) 기타 제한물권 취득일 년 월 일

부동산 2

종 류	☐ 주거용 ☐ 비주거용 ☐ 토지 ☐ 기타( )
취득가격	용도
사용상황 (면적)	토지 건물 건축구조 연면적
소재지	
등기부 기재내용	저당권 설정 (유·무) 기타 제한물권 취득일 년 월 일

부동산 3			
종 류	☐ 주거용 ☐ 비주거용 ☐ 토지 ☐ 기타( )		
취득가격		용도	
사용상황 (면적)	토지 건물	건축구조	연면적
소재지			
등기부 기재내용	저당권 설정(유·무)	기타 제한물권 취득일	년 월 일

 보험(생명·손해)

보험 1	
보험회사명	보험회사명
보험내용	보험내용
청구하는 시기	청구하는 시기
계약자 명	계약자 명
피보험자 명	피보험자 명
보험금 수취인	보험금 수취인

보험 2	
보험회사명	보험회사명
보험내용	보험내용
청구하는 시기	청구하는 시기
계약자 명	계약자 명
피보험자 명	피보험자 명
보험금 수취인	보험금 수취인

보험 3

보험회사명	보험회사명
보험내용	보험내용
청구하는 시기	청구하는 시기
계약자 명	계약자 명
피보험자 명	피보험자 명
보험금 수취인	보험금 수취인

보험 4

보험회사명	보험회사명
보험내용	보험내용
청구하는 시기	청구하는 시기
계약자 명	계약자 명
피보험자 명	피보험자 명
보험금 수취인	보험금 수취인

보험 5

보험회사명	보험회사명
보험내용	보험내용
청구하는 시기	청구하는 시기
계약자 명	계약자 명
피보험자 명	피보험자 명
보험금 수취인	보험금 수취인

연금(공적·사적)

공적연금		
연금번호	연금종류	금액(월)

사적연금(기업연금·개인연금)		
명 칭	연락처	금액(월)

빌려준 돈

기록일	년 월 일	
빌려준 사람		관계
주소		
전화	이메일	
빌려준 날짜	년 월 일	
빌려준 이유·상환받는 조건		
빌려준 금액	원 (년 월 일, 현재)	
증서	유 무	보관장소

대출금(담보·신용)

대출처		차입목적	
차입액		차입일	
차입잔액	원 (년 월 일, 현재)		
변제기한		담 보	
보증인		관 계	

주택담보대출

대출은행	
결제계좌	
대출잔액	원 (년 월 일, 현재)
완제예정일	년 월 일
서류 보관장소	

기타 부채

대출은행	
결제계좌	
대출잔액	원 (년 월 일, 현재)
완제예정일	년 월 일
서류 보관장소	

보증채무 (타인에 대한 대출금의 보증)

보증채무	
보증일	보증금액
주채무자 (보증해준 사람)	관계 및 이유
주 소	
연락처	
채권자 (빌려준 사람)	연락처

 관계자 연락처

변호사	명칭	
	연락처	
회계사	명칭	
	연락처	
세무사	명칭	
	연락처	
부동산회사	명칭	
	연락처	
신탁금융회사	명칭	
	연락처	
은행PB	명칭	
	연락처	
성년후견인	명칭	
	연락처	

재산관리

스스로의 재산관리가 불가능해졌을 때 재산관리를 부탁하고 싶은 사람	☐ 배우자 ☐ 자녀(이름:　　　　　　　　　　　) ☐ 임의후견인(임의후견계약) ☐ 대리인(위임계약) ☐ 아직 계약은 하고 있지 않음 ☐ 기타(이름:　　　　　　　　　　　)	
재산관리를 부탁하고 싶은 사람 (희망대리인)	이 름	
	관 계	
	주 소	
	이메일	
	전 화	
	계약 내용	
	보관 장소	
성년후견인 (임의후견인)	이 름	
	주 소	
	전 화	
	팩스 번호	
	이메일	
공증장소	명 칭	
	주 소	
	전 화	
	팩스 번호	
후견내용		

주택연금과 농지연금

역모기지제도는 황혼기에 있는 고령자들이 생전에 자금의 상환을 전제로 하지 않으면서도, 고령자들의 주거환경을 이사 등으로 변화시키지 않고 주택 등 부동산 자산을 활용해 주거안정과 생활안정을 보장하는 방안입니다. 즉, 부동산을 담보로 매월 또는 계약된 내용에 따라 생활비를 보전해 노후에 안정된 주거생활을 보장해 주는 것을 목적으로 합니다.

우리나라에는 공적보증형태의 역모기지제도로 '주택연금'과 '농지연금'이 있습니다.

'주택연금'은 공적보증 역모기지로, 노인가구가 소유한 주택을 담보로 제공하고 금융기관으로부터 노후생활자금으로서 일정금액을 매달 연금방식으로 받는 대출제도입니다. 이는 한국주택금융공사(www.hf.go.kr)가 금융기관에 대해 상환보증을 하는 공적보증 역모기지로, '집은 있으나 소득이 부족한(house rich, cash poor)' 노인가구의 경제적 자립 실현을 돕습니다. 즉, 고령자에게 평생 동안 생활안정과 주거안정을 보장하는 금융상품으로, 가입자가 담보로 제공한 주택에 종신토록 거주하며 월지급금을 종신토록 받는 것을 보장합니다.

주택연금의 지급액(종신지급방식, 정액형, 2020.12 기준)

예시: 70세(부부 중 연소자 기준), 3억 원 주택, 매월 92만 2천 원을 수령(금액단위 : 천 원)

연령	주택가격								
	1억 원	2억 원	3억 원	4억 원	5억 원	6억 원	7억 원	8억 원	9억 원
50세	115	231	347	463	579	695	810	926	1,042
55세	153	307	460	614	767	921	1,074	1,228	1,381
60세	207	415	623	831	1,039	1,247	1,455	1,663	1,871
65세	250	501	752	1,003	1,254	1,505	1,756	2,007	2,258
70세	307	614	922	1,229	1,536	1,844	2,151	2,459	2,720
75세	383	767	1,150	1,534	1,917	2,301	2,684	2,936	2,936
80세	489	978	1,468	1,957	2,446	2,936	3,271	3,271	3,271

　주택연금이 주택을 담보로 한 역모기지제도인 데 비해, '농지연금'은 농지를 담보로 한 역모기지제도입니다. 즉 농지연금은 농업소득 외에 별도의 소득이 없는 고령 농업인의 안정적인 노후생활을 보장하기 위해 도입된 농지담보형 역모기지제도로, 한국농어촌공사 및 농지관리기금법에 근거를 두고 있습니다.

　농지연금(www.fbo.or.kr)은 주택연금과 마찬가지로 종신지급이 보장되며, 연금채무상환 시 담보물 처분으로 상환하고 총채무액이 담보가치를 초과하더라도 채무는 담보가치 범위 이내로 제한됩니다. 금융기관에서 대출을 실행하는 주택연금과 달리 농지연금은 농지관리기금을 관리하는 한국농어촌공사에서 직접 보증 및 대출을 진행한다는 점에서 차이점이 있습니다.

04

CHAPTER

건강

다음 제시된 목록 중 해당하는 사항에 체크하고 추가로 기입해보세요

노후 불안

건강

경제

고독

노후 라이프스타일

Young-Old

Old

Old-Old

노후 주거지

자택(내 집)

복지시설 · 장기요양시설

유료노인주택

노후 건강상태

건강

허약

장기요양 필요

건강정보

신체정보	
주 병원	
병원 연락처	
담당의사	
건강검진 결과내용	
수검일자	
결과표 보관장소	
현재 앓고 있는 병	
발병시기	
경과·치료 내용	
복용약	
약 보관장소	
알레르기	
기 타	

다니는 병원

기록일	년	월	일
병원명	과		
주 소			
전 화	의사 이름		
목 적			

기록일	년	월	일
병원명		과	
주 소			
전 화		의사 이름	
목 적			

기록일	년	월	일
병원명		과	
주 소			
전 화		의사 이름	
목 적			

지병이나 먹는 약

기록일	년	월	일
병명	증상	약명	병원명

 **과거에 걸렸던 병**

기록일	년		월		일
병명·증상	부터		까지		병원명
	년	월	년	월	
	년	월	년	월	
	년	월	년	월	
	년	월	년	월	
	년	월	년	월	
	년	월	년	월	
	년	월	년	월	
	년	월	년	월	
	년	월	년	월	
	년	월	년	월	

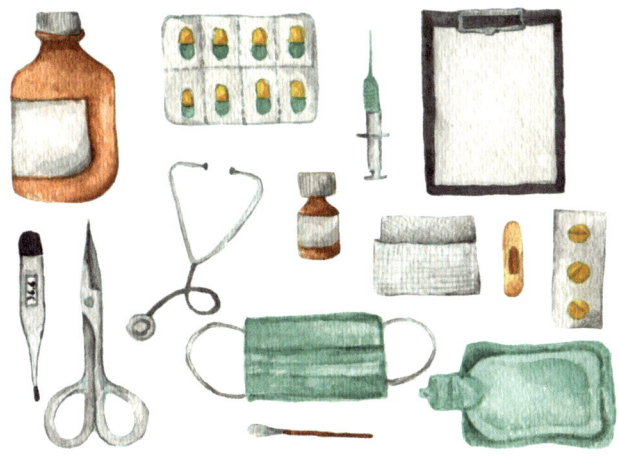

🌿 건강진단결과표

검사일	년	월	일	기록일	년	월	일

이름				생년월일	년 월 일 (세)		
신장			cm	혈액검사	항목	측정치	기준치
체중			kg	빈혈검사	백혈구수		남 4-10 여 3.5-9.1
허리둘레			cm		적혈구수		남 4.2-6.3 여 3.76-5.0
BMI					혈색소		남 13-16.5 여 11.3-15.2
시력	우	(	)		적혈구용적		남 39-49 여 33.4-44.9
	좌	(	)		혈소판수		140-400
청력	우	(	)	당대사	공복혈당		60-110
	좌	(	)		당화혈색소		4.3-6.0
혈압		/			인슐린		2.6-24.9
치과	치주질환 치아우식증 보철 치석			신장기능검사	크레아티닌		남 0.7-1.2 여 0.5-1.0
					요산		남 2.6-7.5 여 2.0-5.7
심전도				혈중지질검사	총 콜레스테롤		100-220
					LDL콜레스테롤		0-129
면역/감염/혈청	A형간염				HDL콜레스테롤		남 40-96.6 여 40-85
	B형간염				중성지방		45-150
	C형간염			간기능검사	AST(GOT)		10-40
	VDRL				ALT(GPT)		5-45
	Anti-HIV				총단백		6.0-8.0
폐기능	FVC				알부민		3.3-5.3
	FEV1			전해질검사	나트륨(Na)		135-145
	FEV1/FVC				칼륨(K)		3.5-5.5
뇨검사	당	− ± +			염소(Cl)		98-110
	단백	− ± +			칼슘(Ca)		8-10.8
	잠혈	− ± +		흉부 X선			
종합판정				병원명			

치료에 있어서 주의할 내용

혈액형			형(+ , -)
알러지	□유	□무	( )
지병	□유	□무	( )
상용약	□유	□무	( )
약 부작용	□유	□무	( )
중요한 기왕력	□유	□무	( )
장기제공 의사표시	□유	□무	( )
긴급 연락처	□유	□무	( )
약의 보관장소			

 위급한 상황이 되었을 때 가고 싶은 병원·의사

병원명	과
담당 의사명	
의사와의 관계	
주소	
연락처	

 병력

기왕증				
병명	발병년월	치유년월	병원명	담당 의사명

수술·사고 경험				
병명	수술년월일	병원명	담당 의사명	비고

출산 경험				
자녀이름	출산년월일	병원명	담당 의사명	비고

지병·현재 치료중 병명				
병명	발병년월	병원명	담당 의사명	상용약

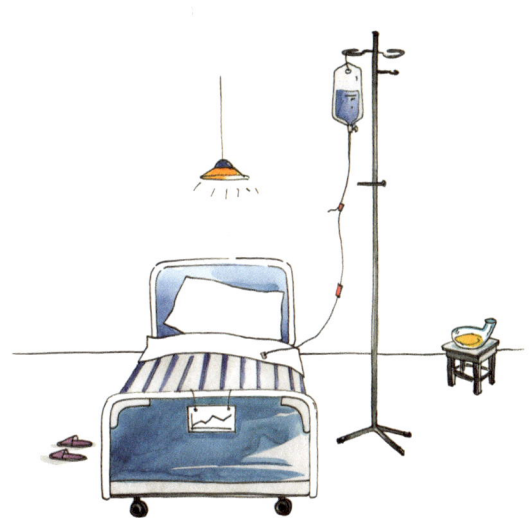

05

CHAPTER

만약의 상황

> 가족들이 간병하는 건 너무 고생스러우니까 시설에 들어갈게.
> 아무래도 죽을 거라면 내 집에서 죽고 싶어.
> 내가 암에 걸리면 꼭 가르쳐줘야 해.
> 내 장례식에는 예쁜 꽃으로 장식해줘.
> 내가 죽으면 아무것도 하지 않아도 좋아.

이런 이야기는 얼마 전까지만 해도 가족 간에 꺼내지 않는 영역으로, 집안에서 대화 주제로 삼지 않던 주제였습니다. 그러나 이런 대화를 미뤄두더라도 언젠가는 해야 하는 시기가 찾아옵니다만, 안타깝게도 그때에는 스스로의 결정이나 생각이 불가능한 경우가 대부분입니다.

또한 가족의 입장도 비슷합니다. 본인의 의사를 확인하지 못한 상태에서 부득이한 결정을 강요당하는 등 혼란스러운 상황이 발생하고 후회만 남는 경우가 적지 않습니다. 이런 때에 본인의 희망을 알 수 있는 단서가 있다면 가족도 마음 편히 더욱 나은 결단을 할 수 있을 것입니다. 본인 스스로도 납득할 수 있는 간병이나 장례가 가능하겠지요.

사람은 반드시 죽음을 맞이하게 됩니다. 나이가 들면 신체가 늙고 머리도 흐려져, 결국 죽음에 이르게 됩니다. 사람은 본능적으로 불편한 상황에 대해서는 눈을 피하는 성향이 있습니다. 의지를 가지고 정면으로 받아들이며, 생각하고 대화를 나누는 과정을 통해 후회가 남지 않도록 노력해야 합니다. 엔딩노트는 나의 인생, 나의 의미 있는 인생여정을 위해 생각을 다듬는 계기가 될 수 있습니다.

치료에 대한 희망사항

만약 내가 돌연 의식불명에 빠지거나 치매가 되어 판단능력을 상실할 경우에 대비해 이 글을 _____ 년 _____ 월 _____ 일에 쓰고 있습니다.

1. 연명치료에 대해 다음과 같이 희망합니다

2. 통증완화치료에 대해 다음과 같이 희망합니다

3. 치매가 중증화되고 가족과 주변사람들에게 부담이 되는 경우, 장기요양시설 입소에 대해 금전적인 내용을 포함해 다음과 같이 생각하는 바를 기록합니다

4. 성년후견인에 대해 다음과 같이 희망하고 있습니다

5. 불측의 사태에 빠져 중대한 판단이 필요해지는 경우, 나를 대신해 판단을 부탁해둔 사람이 있습니다

이름   나와의 관계

연락처

6. 나에 대한 의료행위 중, 정말로 피하고 싶은 것은 다음과 같습니다

7. 나는 장기이식에 대해 다음과 같은 생각을 갖고 있습니다

🌿 고지·존엄사

병명 고지	☐ 희망함	☐ 희망하지 않음	
	이유 (		)
여명 고지	☐ 희망함	☐ 희망하지 않음	
	이유 (		)
연명 치료	☐ 희망함	☐ 희망하지 않음	
	이유 (		)
장기 제공	☐ 희망함	☐ 희망하지 않음	
	이유 (		)
시신기증	☐ 희망함	☐ 희망하지 않음	
	이유 (		)

🌿 죽음을 앞둔 상황에 대한 나의 의지

☐ 내 집에서 마지막 순간을 맞이하고 싶음

☐ 마지막 순간은 병원이어도 괜찮음

☐ 가족·친척 이외에는 면회하고 싶지 않음

☐ 만나고 싶은 사람을 불러주세요(이름:)

☐ 목사님의 기도를 희망합니다

☐ 기타 희망사항(   )

기록일	년	월	일
치료방침에 대해 누군가로부터 판단받게 되는 경우 여기에 기록된 분의 의견을 존중해서 결정해 주세요	이름	관계	
	전화	이메일	

여명이 얼마 남지 않았을 때의 희망사항

만나고 싶은 사람	
알리고 싶은 사람	
종말기 치료 (통증완화)	☐ 희망함 ☐ 희망하지않음 이유( )
기타 희망	

 병에 대한 고지

- ☐ 병명을 고지해 주세요
- ☐ 여명이 3개월 이상이라면 병명과 여명을 고지해 주세요
- ☐ 여명의 기간에 관계없이 병명과 여명을 고지해 주세요
- ☐ 병명도 여명도 고지하지 말아 주세요
- ☐ 가족에게 알리지 말아주세요
- ☐ 기타 (   )

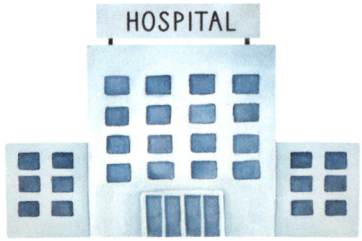

 간병

간병방침에 대해 판단해 줄 사람	이 름 관 계 연락처 이메일
희망간병자와 희망간병장소	☐ 자택에서 가족이 해줄 것 ☐ 자택에서 요양보호사 등의 전문가에게 간병을 맡기고 가족과 함께 지낼 것 ☐ 병원 또는 요양시설에 들어감 ☐ 생각하고 있지 않음 ☐ 기타( )
간병비용	☐ 본인의 재산 사용 ☐ 보험에 가입되어 있음 (보험회사:) ☐ 준비되어 있지 않음 ☐ 기타( )

치매

● 치매가 되면
- ☐ (이름:)로부터 간병을 희망
- ☐ (장소:)에서 간병을 희망
- ☐ 배우자와 자녀에게 맡김

● 간병에 소요되는 비용
- ☐ 나의 예금·적금과 재산 연금 보험 등에서 지불
- ☐ 아들과 딸 등 가족에게 부탁하려 함

연명치료

- ☐ 회복의 여지가 없어도 마지막까지 연명치료를 해 주세요
- ☐ 연명치료보다 고통을 줄이는 것을 우선으로 해 주세요
- ☐ 회복의 여지가 없으면 연명치료를 하지 말아 주세요
- ☐ 존엄사를 희망하며 서면을 작성해 두었습니다(보관장소:)
- ☐ 존엄사를 희망합니다
- ☐ 가족의 판단에 맡깁니다
- ☐ 주치의 판단에 맡깁니다
- ☐ 기타 희망사항(호스피스로 가고 싶음, 자택에서 요양하고 싶음)

● 통증완화치료(호스피스)
- ☐ 호스피스(통증완화) 치료를 원합니다
- ☐ 호스피스 치료를 원하지 않습니다
- ☐ 가족의 판단에 맡깁니다

● 장기기증
- ☐ 장기제공 의사가 있습니다
- ☐ 장기제공 의사가 없습니다
- ☐ 장기기증 서약서를 갖고 있습니다(보관장소:)
- ☐ 안구기증을 위해 각막은행에 등록해주세요(등록증 보관장소:)

● 나는 뇌사로 판정되면 이식을 위해 다음에 표시한 장기를 제공합니다
- ☐ 심장
- ☐ 폐
- ☐ 간장
- ☐ 소장
- ☐ 신장

- ☐ 췌장
- ☐ 안구(각막)
- ☐ 기타 의료상 필요하고 이식이 가능한 모든 부분

● 나는 심장정지로 판정되면 이식을 위해 다음에 표시한 장기를 제공합니다
- ☐ 신장
- ☐ 췌장
- ☐ 안구(각막)
- ☐ 피부
- ☐ 심장변
- ☐ 혈관
- ☐ 이소골
- ☐ 기관
- ☐ 골수
- ☐ 기타 의료상 필요하고 이식이 가능한 모든 부분

시신기증

● 시신기증
- ☐ 시신기증 의사가 있음
- ☐ 시신기증 의사가 없음

● 시신기증 등록
- ☐ 등록했음 (등록한 단체:)
- ☐ 등록하지 않음

치료비용

☐ 자기명의 예금/적금

금융기관명	
지점명	
계좌종류	
계좌번호	
통장·인감의 보관장소	

☐ 기타 자기명의 자산처분(   )
☐ 가족의 원조
☐ 민간장기요양보험 일시금
☐ 연금

존엄사는 환자의 최선의 이익을 보장하고 자기결정을 존중해 인간으로서의 존엄과 가치를 보호하는 것을 목적으로 합니다. 이는 호스피스·완화의료와 임종과정에 있는 환자의 연명의료와 연명의료 중단 등 결정 및 그 이행에 필요한 사항을 규정하고 있는 "호스피스·완화의료 및 임종과정에 있는 환자의 연명의료결정에 관한 법률(약칭: 연명의료결정법)"에 규정되어 있습니다.

　"사전연명의료의향서"란 19세 이상인 사람이 자신의 연명의료 중단 등 결정 및 호스피스에 관한 의사를 직접 문서로 작성한 것을 말합니다.

　"연명의료계획서"란 말기환자 등의 의사에 따라 담당 의사가 환자에 대한 연명의료중단 등 결정 및 호스피스에 관한 사항을 계획해 문서로 작성한 것을 말합니다.

06
CHAPTER

장례

장례식

나 자신의 장례식을 어떻게 하면 좋을까 생각하면서,

이 글을 　　　년　　　월　　　일에 쓰고 있습니다

1. 가족장과 일반장 등의 형식은 여러 가지입니다만, 내가 희망하는 장례식은 다음과 같은 이미지입니다

2. 종교

3. 장례식 장소

4. 매장(납골) 장소

5. 장례식과 관련된 희망사항

 **장례**

- 사전에 미리 장례식장이나 묘지 등을 준비한 경우에 기록합니다

회사명(예약·계약처)	
담당자명	
장지(납골)	
연락처	전화
	팩스 번호
	이메일

 장례식 비용

- ☐ 본인 명의 예금·적금이 있음
- ☐ 보험·공제와 상조회 가입된 것으로 충당
- ☐ 가족이 부담해주기 바람
- ☐ 기타

● 본인명의 예금적금

금융기관명·지점명
계좌번호
계좌명의
계좌잔액
통장·인감 보관장소

● 가입하고 있는 상조회 정보

회사명
담당자명
주소
전화
팩스 번호
이메일
계약내용

장례식

장 례	
장례식	☐ 성대하게 할 것 ☐ 통상적인 수준으로 할 것 ☐ 가족장으로 간소하게 치뤄도 됨 ☐ 화장할 것 ☐ 가족의 판단에 맡김
조의금	☐ 통상적인 수준에서 받음 ☐ 받지 않음 ☐ 가족의 판단에 맡김
인생사진	☐ 인생사진으로 준비한 사진이 있음(보관장소:) ☐ 인생사진은 장식하지 않음 ☐ 가족의 판단에 맡김
납골함	☐ 희망하는 납골함을 준비해 둠(보관장소:) ☐ 가족의 판단에 맡김
부고인사	☐ 업자가 준비한 것을 사용함 ☐ 문구를 준비해 둠(보관장소:) ☐ 꼭 넣을 문구( ) ☐ 가족의 판단에 맡김

납골희망	장(묘)지 명칭		경영 주체	
	소재지		연락처	
추모공원	추모공원 명칭		경영 주체	
	소재지		연락처	
기타 희망	수의는 (　　　　　)을 희망합니다 내 장례식에 장식할 꽃은 (　　　　　　　)을 희망합니다 내 장례식에서 사용할 곡은 (　　　　　)입니다 내 장례식에 (　　　　　)을 낭독해 주세요 내 장례식에 (　　　　　)을 상영해 주세요 관은 (희망:　　　　　)으로 해주세요			
장례식장에 틀어놓고 싶은 곡의 유무		□유　　□무		
음원보관장소				
곡명	곡명1			
	선곡이유			
	곡명2			
	선곡이유			
	곡명3			
	선곡이유			
	곡명4			
	선곡이유			
	곡명5			
	선곡이유			
	곡명6			
	선곡이유			
	곡명7			
	선곡이유			

● 관에 넣어주기를 바라는 물건

▪ 하늘나라에 가지고 가고 싶은 것이 있으면 기록해 둡니다

희망하는 물건	☐ 약간의 동전 ☐ 쌀과 소금 ☐ 생화 ☐ 편지 ☐ 사진 ☐ 성경 ☐ 기타 ( )
기타 희망	

● 유품정리

유품 나누기	1	2	3
물품			
보관 장소			
보내고 싶은 사람			
주소			
전화번호			
이메일			
전달할 메시지			

기부	1	2	3
수증자명			
물품, 금액			
보관장소			
단체, 조직, 사람			
주소			
전화번호			
이메일			
전달할 메시지			

● 인생사진

인생사진 준비	□유 □무
보관장소	
희망하는 인생사진	사진이 있으면 여기에 붙여 둡니다

● 장례식에 부르고 싶은 사람

이름	전화	주소	나와의 관계

● 부고를 보낼 사람

이름	전화	주소	나와의 관계

07

CHAPTER

유언장

유언의 유형과 방식

우리나라는 유언의 유형으로 자필증서 유언, 녹음 유언, 공정증서 유언(유언공증), 비밀증서 유언, 구수증서 유언 등 다섯 가지 방식만을 인정하고 있습니다.

1. 자필증서 유언

유언자 스스로 유언의 내용, 작성 연월일, 주소, 이름을 모두 자필로 쓰고 도장 날인(무인가능)하는 방식으로 증인은 필요치 않으나 가정법원에 검인을 받아야 합니다. 다만, 자필증서 유언은 유언공증과 달리 추후 유언집행을 위해서는 유언검인 신청과 더불어 상속인들의 동의를 받아야 합니다.

2. 녹음 유언

유언자가 직접 녹음기에 유언의 내용, 이름, 연월일을 구술하고, 1인의 증인이 '유언자 본인의 유언이 틀림없다'는 것과 증인 자신의 이름을 구술하는 방식입니다.

3. 공정증서 유언(유언공증)

유언자가 증인 2인이 참여한 공증인 앞에서 유언의 취지를 말하고, 공증인이 이를 필기·낭독해 유언자와 증인이 그 정확함을 승인한 후 서명 또는 기명날인하는 방식입니다. 여기서 가정법원의 검인절차는 필요하지 않습니다.

4. 비밀증서 유언

유언자가 필자의 서명을 기입한 증서를 봉인·날인하고 이를 2인 이상의 증인 앞에 제출해 자기의 유언서임을 표시한 후, 그 봉서표면에 제출연월일을 기재하고 유언자와 증인이 각자 서명 또는 기명날인하는 방식입니다. 이는 5일 이내에 확정일자인을 받아야 하고 가정법원의 검인을 받아야 합니다.

5. 구수증서 유언

유언자가 질병 기타 급박한 사유 때문에 보통의 방식으로 유언을 할 수 없는 경우, 2인 이상의 증인을 참여시켜 그 중 1인에게 유언의 취지를 말하고 구수받은 증인이 필기·낭독하는 과정을 거칩니다. 이후 유언자와 증인이 그 정확함을 승인하고 각자 서명 또는 기명날인하는 방식입니다. 이는 급박한 사유 종료 후 7일 이내에 가정법원의 검인을 받아야 합니다.

유언장에 대한 Q&A

Q. 유언장에는 무엇을 써두는 건가요?

A. 남겨진 유족이 재산과 대출금 등에 대해 쉽게 알 수 있도록 써둡니다. 특히 상속에 대해 어떻게 나눌 것인가를 명확히 써두는 것이 중요합니다.

Q. 신세 진 사람에게 재산을 줄 수 있나요?

A. 유언에 의한 증여(유증)라는 제도가 있습니다. 유류분(최저한의 상속지분)을 침해하지 않는 범위에서 자유롭게 유증이 가능합니다.

Q. 애완동물에게 재산을 남겨 줄수 있나요?

A. 안타깝지만 애완동물에게 재산을 남겨줄 수 없습니다. 하지만 애완동물을 위한 재산을 누군가에게 맡기는 것(부담부증여)은 생각해볼 수 있습니다.

Q. 유언장은 몇 번이라도 쓸 수 있는 건가요?

A. 유언은 살아있는 동안 몇 번이라도 변경 가능합니다. 이 경우 가장 최신의 내용이 유효합니다.

Q. 유언이 없는 경우 어떻게 재산을 나누나요?

A. 실은 유언이 없는 경우가 대부분입니다. 이 경우 가족끼리 자유롭게 정하고 유산분할 협의서를 작성하면 됩니다.

유언장에 대해

나는 이 글을 _____ 년 _____ 월 _____ 일에 쓰고 있습니다

* 해당하는 내용의 체크란에 표시해주세요

( ) 나는 이미 유언장을 작성했습니다
( ) 내가 작성한 유언장의 형식은 _____ 이고, 보관장소는 _____ 입니다
( ) 나는 유언장을 작성하고 있지 않았습니다
( ) 나는 유언장을 작성하고 있지 않았지만, 다음 페이지에 자필로 유언을 기록하려 합니다

유언장

● 유언장의 종류
　　□　자필증서 유언　　작성일　(　　　년　　　월　　　일)
　　□　녹음 유언　　　　작성일　(　　　년　　　월　　　일)
　　□　공정증서 유언　　작성일　(　　　년　　　월　　　일)
　　□　비밀증서 유언　　작성일　(　　　년　　　월　　　일)
　　□　구수증서 유언　　작성일　(　　　년　　　월　　　일)

● 유언장의 보관 장소·보관하고 있는 사람

　　보관 장소

보관하고 있는 사람	이름
	직업
	본인과의 관계
	주소
	연락처
가장 최근에 유언장 작성한 날	년　　　월　　　일
유언집행자	명칭　　　　　연락처
	주소
비 고	

 **유산**

● 예금

금융기관명	금융기관명
지점명	지점명
계좌종류	계좌종류
계좌번호	계좌번호
계좌명의	계좌명의
비밀번호	비밀번호
만기일	만기일
통장 보관장소	통장 보관장소

● 주식

증권회사명	증권회사명
지점명	지점명
담당자명	담당자명
주소	주소
연락처	연락처
주식 취득일	주식 취득일
취득가격	취득가격
보관장소	보관장소

● 기타 동산(자동차, 귀금속, 골동품, 미술공예품)

| 품목 |
| 수량 |
| 구입일자 |
| 구입처 |
| 구입금액 |
| 손해보험 |

| 품목 |
| 수량 |
| 구입일자 |
| 구입처 |
| 구입금액 |
| 손해보험 |

| 품목 |
| 수량 |
| 구입일자 |
| 구입처 |
| 구입금액 |
| 손해보험 |

● 권리

회원권 종류	회원권 종류
회원권 번호	회원권 번호
취득일자	취득일자
취득가격	취득가격
시가	시가

● 개인연금보험

보험종류 상품명	보험종류 상품명
증권번호	증권번호
피보험자	피보험자
계약자	계약자
수취인	수취인
불입종료일	불입종료일
연금개시일	연금개시일
보관장소	보관장소
보험회사	보험회사
지점	지점
담당자	담당자

● 생명보험

생명보험명	생명보험명
보험회사	보험회사
지점	지점
담당자	담당자
상품명	상품명
증권번호	증권번호
피보험자	피보험자
계약자	계약자
수취인	수취인
만기일	만기일
보험금지불방법	보험금지불방법
매월지불금액	매월지불금액
불입종료일	불입종료일

| 사망보험금 |
| 특약내용 |
| 보관장소 |

| 사망보험금 |
| 특약내용 |
| 보관장소 |

● 손해보험 · 화재보험 · 지진보험

| 보험명 |
| 보험회사 |
| 지점 |
| 담당자 |
| 상품명 |
| 증권번호 |
| 계약자 |
| 피보험자 |
| 수취인 |
| 계약일 |
| 보험금지불방법 |
| 매월지불금액 |
| 보관장소 |

| 보험명 |
| 보험회사 |
| 지점 |
| 담당자 |
| 상품명 |
| 증권번호 |
| 계약자 |
| 피보험자 |
| 수취인 |
| 계약일 |
| 보험금지불방법 |
| 매월지불금액 |
| 보관장소 |

보험명	보험명
보험회사	보험회사
지점	지점
담당자	담당자
상품명	상품명
증권번호	증권번호
계약자	계약자
피보험자	피보험자
수취인	수취인
계약일	계약일
보험금지불방법	보험금지불방법
매월지불금액	매월지불금액
보관장소	보관장소

유품

나는 이 글을 　　　년　　　월　　　일에 쓰고 있습니다

1. 나의 손때가 묻어있는 물건을 다음사람에게 전달해주면 고맙겠습니다

　　　　　　물건　　　　　　　　　　전달하고 싶은 사람

2. 내 신변물건과 앨범, 편지 등은 다음과 같이 해주세요

08

CHAPTER

가족과 지인에게 보내는 메시지

배우자

자녀 1

자녀 2

 손자 1

 손자 2

 형제자매 1

 형제자매 2

 친구 1

 친구 2

 친구·지인

이 름	전하고 싶은 말
	메시지

이 름	전하고 싶은 말
	메시지

09

CHAPTER

지인명부

가족 친족 명단

이름			관계	
전화·핸드폰·이메일				
주소				
장례의 연락	☐ 연락함	☐ 연락하지 않음	☐ 장례 후에 연락함	

이름			관계	
전화·핸드폰·이메일				
주소				
장례의 연락	☐ 연락함	☐ 연락하지 않음	☐ 장례 후에 연락함	

이름			관계	
전화·핸드폰·이메일				
주소				
장례의 연락	☐ 연락함	☐ 연락하지 않음	☐ 장례 후에 연락함	

이름			관계	
전화·핸드폰·이메일				
주소				
장례의 연락	☐ 연락함	☐ 연락하지 않음	☐ 장례 후에 연락함	

이름			관계	
전화·핸드폰·이메일				
주소				
장례의 연락	☐ 연락함	☐ 연락하지 않음	☐ 장례 후에 연락함	

이름			관계	
전화·핸드폰·이메일				
주소				
장례의 연락	☐ 연락함	☐ 연락하지 않음	☐ 장례 후에 연락함	

 **초등학교 친구**

이름			관계	
전화·핸드폰·이메일				
주소				
장례의 연락	☐ 연락함	☐ 연락하지 않음	☐ 장례 후에 연락함	

이름			관계	
전화·핸드폰·이메일				
주소				
장례의 연락	☐ 연락함	☐ 연락하지 않음	☐ 장례 후에 연락함	

이름			관계	
전화·핸드폰·이메일				
주소				
장례의 연락	☐ 연락함	☐ 연락하지 않음	☐ 장례 후에 연락함	

이름			관계	
전화·핸드폰·이메일				
주소				
장례의 연락	☐ 연락함	☐ 연락하지 않음	☐ 장례 후에 연락함	

이름			관계	
전화·핸드폰·이메일				
주소				
장례의 연락	☐ 연락함	☐ 연락하지 않음	☐ 장례 후에 연락함	

이름			관계	
전화·핸드폰·이메일				
주소				
장례의 연락	☐ 연락함	☐ 연락하지 않음	☐ 장례 후에 연락함	

중학교 친구

이름   관계

전화·핸드폰·이메일

주소

장례의 연락   ☐ 연락함   ☐ 연락하지 않음   ☐ 장례 후에 연락함

이름   관계

전화·핸드폰·이메일

주소

장례의 연락   ☐ 연락함   ☐ 연락하지 않음   ☐ 장례 후에 연락함

이름   관계

전화·핸드폰·이메일

주소

장례의 연락   ☐ 연락함   ☐ 연락하지 않음   ☐ 장례 후에 연락함

이름   관계

전화·핸드폰·이메일

주소

장례의 연락   ☐ 연락함   ☐ 연락하지 않음   ☐ 장례 후에 연락함

이름   관계

전화·핸드폰·이메일

주소

장례의 연락   ☐ 연락함   ☐ 연락하지 않음   ☐ 장례 후에 연락함

이름   관계

전화·핸드폰·이메일

주소

장례의 연락   ☐ 연락함   ☐ 연락하지 않음   ☐ 장례 후에 연락함

고등학교 친구

이름			관계	
전화·핸드폰·이메일				
주소				
장례의 연락	□ 연락함	□ 연락하지 않음	□ 장례 후에 연락함	

이름			관계	
전화·핸드폰·이메일				
주소				
장례의 연락	□ 연락함	□ 연락하지 않음	□ 장례 후에 연락함	

이름			관계	
전화·핸드폰·이메일				
주소				
장례의 연락	□ 연락함	□ 연락하지 않음	□ 장례 후에 연락함	

이름			관계	
전화·핸드폰·이메일				
주소				
장례의 연락	□ 연락함	□ 연락하지 않음	□ 장례 후에 연락함	

이름			관계	
전화·핸드폰·이메일				
주소				
장례의 연락	□ 연락함	□ 연락하지 않음	□ 장례 후에 연락함	

이름			관계	
전화·핸드폰·이메일				
주소				
장례의 연락	□ 연락함	□ 연락하지 않음	□ 장례 후에 연락함	

대학교 친구

이름			관계	
전화·핸드폰·이메일				
주소				
장례의 연락	☐ 연락함	☐ 연락하지 않음	☐ 장례 후에 연락함	

이름			관계	
전화·핸드폰·이메일				
주소				
장례의 연락	☐ 연락함	☐ 연락하지 않음	☐ 장례 후에 연락함	

이름			관계	
전화·핸드폰·이메일				
주소				
장례의 연락	☐ 연락함	☐ 연락하지 않음	☐ 장례 후에 연락함	

이름			관계	
전화·핸드폰·이메일				
주소				
장례의 연락	☐ 연락함	☐ 연락하지 않음	☐ 장례 후에 연락함	

이름			관계	
전화·핸드폰·이메일				
주소				
장례의 연락	☐ 연락함	☐ 연락하지 않음	☐ 장례 후에 연락함	

이름			관계	
전화·핸드폰·이메일				
주소				
장례의 연락	☐ 연락함	☐ 연락하지 않음	☐ 장례 후에 연락함	

직장 친구

이름			관계	
전화·핸드폰·이메일				
주소				
장례의 연락	☐ 연락함	☐ 연락하지 않음	☐ 장례 후에 연락함	

이름　　　　　　　　　　관계
전화·핸드폰·이메일
주소
장례의 연락　☐ 연락함　☐ 연락하지 않음　☐ 장례 후에 연락함

이름　　　　　　　　　　관계
전화·핸드폰·이메일
주소
장례의 연락　☐ 연락함　☐ 연락하지 않음　☐ 장례 후에 연락함

이름　　　　　　　　　　관계
전화·핸드폰·이메일
주소
장례의 연락　☐ 연락함　☐ 연락하지 않음　☐ 장례 후에 연락함

이름　　　　　　　　　　관계
전화·핸드폰·이메일
주소
장례의 연락　☐ 연락함　☐ 연락하지 않음　☐ 장례 후에 연락함

이름　　　　　　　　　　관계
전화·핸드폰·이메일
주소
장례의 연락　☐ 연락함　☐ 연락하지 않음　☐ 장례 후에 연락함

동호회 친구

이름			관계	
전화·핸드폰·이메일				
주소				
장례의 연락	☐ 연락함	☐ 연락하지 않음	☐ 장례 후에 연락함	

이름			관계	
전화·핸드폰·이메일				
주소				
장례의 연락	☐ 연락함	☐ 연락하지 않음	☐ 장례 후에 연락함	

이름			관계	
전화·핸드폰·이메일				
주소				
장례의 연락	☐ 연락함	☐ 연락하지 않음	☐ 장례 후에 연락함	

이름			관계	
전화·핸드폰·이메일				
주소				
장례의 연락	☐ 연락함	☐ 연락하지 않음	☐ 장례 후에 연락함	

이름			관계	
전화·핸드폰·이메일				
주소				
장례의 연락	☐ 연락함	☐ 연락하지 않음	☐ 장례 후에 연락함	

이름			관계	
전화·핸드폰·이메일				
주소				
장례의 연락	☐ 연락함	☐ 연락하지 않음	☐ 장례 후에 연락함	

종교 친구

이름		관계	
전화·핸드폰·이메일			
주소			
장례의 연락	☐ 연락함	☐ 연락하지 않음	☐ 장례 후에 연락함

이름		관계	
전화·핸드폰·이메일			
주소			
장례의 연락	☐ 연락함	☐ 연락하지 않음	☐ 장례 후에 연락함

이름		관계	
전화·핸드폰·이메일			
주소			
장례의 연락	☐ 연락함	☐ 연락하지 않음	☐ 장례 후에 연락함

이름		관계	
전화·핸드폰·이메일			
주소			
장례의 연락	☐ 연락함	☐ 연락하지 않음	☐ 장례 후에 연락함

이름		관계	
전화·핸드폰·이메일			
주소			
장례의 연락	☐ 연락함	☐ 연락하지 않음	☐ 장례 후에 연락함

이름		관계	
전화·핸드폰·이메일			
주소			
장례의 연락	☐ 연락함	☐ 연락하지 않음	☐ 장례 후에 연락함

내 인생에서 사랑의 빚을 진 분들

지인명단	
이 름	연락처
이 름	연락처
이 름	연락처
이 름	연락처
이 름	연락처
이 름	연락처
이 름	연락처
이 름	연락처
이 름	연락처
이 름	연락처
이 름	연락처
이 름	연락처
이 름	연락처
이 름	연락처
이 름	연락처
이 름	연락처
이 름	연락처
이 름	연락처
이 름	연락처
이 름	연락처
이 름	연락처
이 름	연락처
이 름	연락처

10

CHAPTER

추억의 사진

고맙습니다.

결국, 마지막까지 나에게 있어 가장 가까이에서 함께해 주었던

당신에게 수고를 더하게 하는군요. 마음 깊이 용서와 이해를 구합니다.

나는 나 자신의 희망과 신변에 관한 것을 모두 전달할 수 있어서

마음이 편해졌습니다.

여기에 기록한 것은 어디까지나 나의 마음과 희망이니까,

당신이 다른 방법을 희망한다면 당신의 생각을 우선해도 좋습니다.

앞으로도 건강에 신경쓰고, 즐거운 인생을 보내기 바라요.

지금까지 정말 고마웠어요.

마음 깊이 감사를 전합니다.

_____ 년 _____ 월 _____ 일

서명 _____

마치며

저에게는 엔딩노트에 대한 사연이 있습니다.

여기에 그 사연을 간단히 소개하자면, 엔딩노트를 보고 싶어 했던 친구가 있었는데, 갑작스런 혈액암 수술 후 자리에서 회복하지 못하고 소천해 결국 그 부탁을 들어주지 못했습니다. 그 친구에게 보여주지 못했던 엔딩노트를 여러분에게 공유합니다.

엔딩노트를 써보면 많은 것을 깨닫게 됩니다.

우선 나 자신이 나와 가족에 대해 아는 것이 별로 없다는 사실을 느끼게 됩니다. 그리고 주변에 많은 사람이 있었는데, 막상 엔딩노트에 옮기려고 할 때 적어놓을 만한 사람이 그리 많지 않다는 것도 알게 됩니다. 나, 가족, 재산, 건강, 만약의 상황, 장래, 유언장, 지인명부, 지인에게 보내는 메시지, 추억의 사진 등을 접하면서 그동안의 나의 삶을 반추하게 됩니다.

그렇습니다.

엔딩노트는 내가 걸어온 삶을 돌아보며 작성하는 '내 인생의 비망록'입니다. 살아가면서 당연히 누려야 할 '평화롭고 존엄한 삶을 위한 준비 과정'이라는 느낌으로 인생의 대단원을 아름답게 마무리하려는 사람들이 만나게 되는 노트입니다.

엔딩노트는 '내 인생의 재고 조사'입니다.

내 인생의 재고를 조사하다보면, 많이 이루지 못하고, 많이 나누지 못하고, 많이 섬기지 못한 내 삶의 재고 목록을 만나게 됩니다. 이를 통해 나의 남은 인생을 어떻게 살아야 할지 생각하게 합니다. 엔딩노트는 인생의 마지막 시간을 어떻게 보내고 싶은지 생각하며, 앞으로의 남은 삶과 내 마음의 깊은 곳을 찬찬히 들여다볼 수 있도록 도와주는 안내자의 역할을 해줍니다.

  엔딩노트는 '가족에게 주는 마지막 선물'입니다.
  내가 하늘나라에 가면, 남은 가족은 슬픔에 잠기게 되지만 금방 시퍼런 현실을 마주합니다. 장례식 이후에 재산분할 절차 등 다양한 일이 생기기도 합니다. 그럴 때, 가족들이 모르는 나만 알고 있던 정보가 있으면 가족들은 당황하게 됩니다. 의외로 남은 가족이 알아야 하는 여러 가지 상황에 있어서 구체적으로 모르고 있을 가능성도 있습니다. 아무리 사소한 정보라도 상관없습니다. 가족의 모습을 떠올리면서 나에 대한 정보를 자세히 기록해 봅니다.

  '꿈은 이루어진다'는 말처럼, 바람직한 미래에 대해 상상해 봅니다.
여유로운 생활이나 취미에 몰두하는 모습이 떠오르면 그대로 엔딩노트에 적어봅니다. 종이에 써보는 과정에서 나의 진심이나 희망을 깨달을 수도 있습니다. 즐거운 노후생활을 보내기 위해서라도, 내 인생의 두근거리는 계획을 엔딩노트에 남겨보기 바랍니다.

  마지막으로 10년 가까이 컴퓨터 속에서 잠자고 있던 원고, '엔딩노트'의 출판을 흔쾌히 맡아준 박영스토리의 노 현 대표님과 출판부 여러분에게 이 자리를 빌려 마음 깊이 감사드립니다.

Soli Deo Gloria!

2020년 아름다운 가을에
건국대학교 해봉부동산학관에서 저자 드림

저자 유선종

1966년생으로 예산고(충남)와 건국대학교 부동산학과를 졸업하고, Nihon Univ.(일본)에서 유학하는 동안에는 주택연금을 주제로 석사 및 박사학위논문을 작성했다. 귀국 후 주택은행 신탁팀과 목원대학교 금융보험부동산학과를 거쳐 현재 건국대학교 부동산학과 교수로 재직 중이다.

노후의 소득에 관한 논문 주제에 관심을 가지고 동경에서 지낸 약 7년의 기간 동안 경험한 고령사회와, 귀국 후에도 노인인구 약 30%를 웃도는 초고령화 사회의 모습 가운데 일본의 노인들이 겪는 다양한 시행착오를 간접 경험하다 보니 한국판 엔딩노트를 작성하기에 이르렀다.

저서로는 『부동산학원론(박영사, 2020)』, 『노인주택파노라마(집문당, 2014)』, 『지방소멸 어디까지 왔나(매일경제신문사, 2018)』, 『대학에서 배우는 부동산 경매(메가랜드, 2019)』, 『생활속의 부동산 13강(도서출판 청람, 2017)』 등이 있다.

엔딩노트-내 인생의 비망록

초판발행	2020년 10월 31일
초판3쇄발행	2025년 7월 10일
지은이	유선종
펴낸이	노 현
편 집	최은혜
기획/마케팅	노 현
표지디자인	박현정
제 작	고철민 · 김원표
펴낸곳	㈜ 피와이메이트
	서울특별시 금천구 가산디지털2로 53 한라시그마밸리 210호(가산동)
	등록 2014. 2. 12. 제2018-000080호
전 화	02)733-6771
f a x	02)736-4818
e-mail	pys@pybook.co.kr
homepage	www.pybook.co.kr
ISBN	979-11-6519-075-0 03000

copyright©유선종, 2020, Printed in Korea

* 파본은 구입하신 곳에서 교환해 드립니다. 본서의 무단복제행위를 금합니다.
* 저자와 협의하여 인지첩부를 생략합니다.

정 가   10,000원

박영스토리는 박영사와 함께하는 브랜드입니다.